PROCÈS

DU GÉNÉRAL

DE CUBIÈRES

Pair de France, ancien ministre de la guerre,

DEVANT LA COUR DES PAIRS,

PRIX : 15 CENTIMES.

PARIS.

CHEZ TOUS LES LIBRAIRES.

—

1847

LIVRAISON

Pour la septième fois, depuis 1815, la Chambre des pairs, constituée en cour de justice, va faire comparaître devant elle un de ses membres. Quels sont donc les faits qui ont motivé un appareil judiciaire si insolite ? En voici le précis exact :

Un propriétaire de Lure, M. Parmentier, était un des principaux actionnaires des mines de Gouhenans (Haute-Saône). Cette exploitation comprenait principalement des mines, l'une de houille concédée le 30 juillet 1826 , l'autre, de sel gemme, concédée le 3 janvier 1843. Ces établisse-

(1) La Chambre des pairs a été constituée en Cour de justice, 1° en 1815, pour juger le maréchal Ney ; 2° en 1818, sur la plainte de madame veuve de St.-Morys, à l'occasion d'un duel où périt M. St.-Morys, duel provoqué, selon la plainte, par M. le duc de Grammont ; il n'y eut pas lieu à suivre ; 3° en 1819, sur la plainte portée par M. Selves contre le baron Séguier ; 4° en 1825, dans l'affaire Ouvrard, pour les *marchés d'Espagne* ; 5e en 1830, pour un délit de presse pour lequel M. de Kergorlay fut condamné à six mois de prison ; 6e en 1832, dans l'affaire des écoles ouvertes sans autorisation où M. de Montalembert fut condamné à 100 francs d'amende ; 7e enfin 16-15 mai 1847, dans l'affaire de M. le général de Cubières.

ments, admirablement situés près du canal du Rhône au Rhin et du chemin de fer projeté de Mulhouse à Dijon, étaient exploitées par une société d'actionnaires, parmi lesquels, au milieu de noms éminents, on voyait figurer M. Mellet, ingénieur civil, Van Gobbelschroy, ancien ministre du roi des Pays-Bas, Henri, ingénieur des mines, Pinto de Aranjo, Renauld, propriétaire à Vésoul ; le général de Cubières, ancien ministre de la guerre. Le général de Cubières, qui, en 1839, se portait à la députation de l'arrondissement de Lure, acheta d'abord pour 25,000 fr. un centième d'intérêts dans les mines de Gouhenans ; plus tard il acheta une plus grande quantité d'actions.

M. Parmentier assigna devant le tribunal de la Seine, (audiences des 23 et 30 avril, présidées par M. de Belleyme), tous les actionnaires ci-dessus dénommés, en paiement d'une somme de 1 million 200,000 fr., pour versement en retard sur les actions achetées par eux.

M. Parmentier se prétend spolié par ses adversaires, et surtout par M. Renauld et M. le général de Cubières, qui se sont ligués, dit-il, pour ruiner les autres actionnaires des mines de Gouhenans, et, lui, Parmentier, en particulier.

A l'appui de sa plainte, il cite un grand nombre de lettres de M. le général de Cubière, qui a, selon le plaignant, voulu trafiquer de son influence, et tenté, toujours selon Parmentier, se faire délivrer gratuitement des parts sociales. Ainsi, en 1842, il s'agissait pour la Société de Gouhenans d'obtenir une concession pour un gîte salifère. A cette occasion, M. le général de Cubières écrivait la lettre suivante :

« 14 janvier 1842 .»

« Mon cher monsieur Parmentier,

« Tout ce qui se passe doit faire croire à la stabilité de la politique actuelle et au maintien de ceux qui la dirigent. Notre affaire dépendra donc des personnes qui se trouvent maintenant au pouvoir... Voici à ce sujet un mot de M. Leg... : « Les délais courent, « mais il faut les mettre à profit pour disposer la réussite et le succès « de votre demande en concession. Quand nous étions direction géné- « rale, les droits des tiers étaient suffisamment garantis par notre « impartialité... Mais aujourd'hui il n'en est plus ainsi. Nous tenons « à un ministère, et par conséquent à la politique... Une concession « peut être l'objet d'une décision du conseil des ministres. Je vous « engage donc à prendre vos précautions... » Je n'ai pas voulu tarder à vous communiquer cet avis, si important et si grave dans la bouche de celui qui me l'a donné. Il n'y a pas un moment à perdre, il n'y a pas à hésiter sur les moyens de nous créer un appui intéressé dans le sein même du conseil. J'ai les moyens d'arriver jusqu'à cet appui, c'est à vous d'aviser aux moyens de l'intéresser... La transformation de notre société entraînerait trop de lenteur... Je ne veux pas trop vous engager à ce que vous et moi soyons autorisés et même nantis pour parvenir au but sans être exposés à des délais et à des chicanes en raison de la négociation très-secrète qu'il nous faudra suivre... Dans l'état où se trouve la société de Gouhenans, ce ne sera pas chose aisée que d'obtenir l'unanimité et l'accord quand il s'agit d'un sacrifice. On se montrera sans doute très disposé à compter sur notre bon droit, sur la justice de l'administration, et cependant rien ne serait plus puéril. N'oubliez pas que le gouvernement est dans des mains avides et corrompues, que la liberté de la presse court risque d'être étranglée sans bruit l'un de ces jours, et que jamais le bon droit n'eut plus besoin de protection.

« Général DE CUBIÈRES. »

« 22 janvier 1842.

« ... Quelques mots échangés entre moi et la personne que je vous indiquais (M. Leg...) sont venus, depuis qu'elle a été écrite, corroborer mes conjectures et ajouter à mes craintes. »

« 26 janvier 1842.

« ... J'ai pris au sérieux le conseil qui me fut donné... Les mots de M. Leg... indiquaient un danger... Il ne faut pas s'y méprendre... Je sais bien que les concessions ne se délibèrent pas en conseil de ministres. Mais quand il s'agira de choisir entre nous et M. K... (député),

la préférence à lui donner pourra bien être délibérée en conseil...
Vous pensez que rien ne presse. Je voudrais pouvoir être de votre
avis pour rentrer dans la quiétude qui me convient mieux que le rôle
que j'ai cru devoir prendre pour vous stimuler. Mais... je passe ma
vie au milieu des députés, je vais chez la plupart des ministres, dont
je crois utile au succès de notre affaire de cultiver l'amitié... Des pa-
roles qu'on m'adresse, des conversations que j'écoute, il résulte que
M. K... a pris l'avance des sollicitations, et qu'il a... un espoir mieux
fondé que celui qui reposerait uniquement dans notre bon droit.

« Général DE CUBIÈRES. »

M. le général de Cubières écrivait à M. Parmentier, dans une autre
lettre :

« 3 février 1842.

« ... La convocation (de la société de Gouhenans) doit avoir aussi
pour objet de fixer le nombre d'actions qui devra être mis à notre disposition pour intéresser, sans mise de fonds, les appuis qui seraient
indispensables au succès de l'affaire.

« ... Au surplus je crois être en mesure d'obtenir, non-seulement la
concession, mais, au préalable, l'autorisation d'exploiter. »

« 24 février 1842.

« Maintenant c'est moi qu'on presse... Voici ce qu'on offre de soi-
même, et nous pouvons y compter :

« 1o Stimuler votre P. (préfet) pour l'envoi complet et immédiat des
pièces ;

« 2o Faire désigner un rapporteur selon le bien de la chose ;

« 3o Résister au système de morcellement ;

« 4o Avoir, comme on l'a déjà dit, un président à souhait, et faire
avorter les prétentions adverses, si elles étaient appuyées dans l'un
ou l'autre conseil.

« Il n'y a plus à hésiter..., on insiste pour cinquante (actions) ; tâchez donc d'obtenir le doublement... surtout point de délais, le char
est lancé, ne le faisons pas verser en l'arrêtant trop court. »

« 26 février 1842.

« ... Je vous ai écrit avant-hier. Le paquet contenait une note ca-
chetée (la note ci-dessus)... ; c'est d'après son contenu que vous devez
agir. Vous comprenez avec quelle impatience j'attends le résultat de
vos délibérations... Mais vous ne sauriez croire combien elle est par-
tagée par ceux qui s'identifient avec le succès de l'affaire.

« De tout ce qui a été dit et fait, il résulte :

« 1o Impossibilité de traîner plus longtemps la négociation, ni de
continuer à se débattre entre la concession déjà faite de vingt-cinq

(actions) et les exigences successivement réduites de quatre-vingt à cinquante, mais qui ne paraissent pas devoir fléchir au-dessous de cette dernière limite ;

« 2° Nécessité de conclure promptement, et de trancher le différend entre trente à peu près promises et cinquante toujours exigées ;

« Nécessité de proposer quarante-cinq quand on sera en mesure d'effectuer cette promesse.

« Général DE CUBIÈRES. »

M. Billaut, avocat des intimés, général de Cubières et consorts s'exprime ainsi :

L'affaire que vous avez à juger est fort simple ; mais elle a servi à une mauvaise action, à un ignoble *chantage*.

Les concessions des houillières et salines de Gouhenans ont été accordées dans le principe à MM. Parmentier et Grellet, et exploitées d'abord par eux seuls au milieu de difficultés de toute nature. M. Grellet céda plus tard une partie de son intérêt à MM. Renauld, de Cubières et autres. En 1845, la société manquant de fonds, il fallait ou constituer une nouvelle société ou vendre l'établissement. M. Renauld fut chargé à cette occasion, d'aller à Paris ; il signa avec MM. Van Gobbelschroy, Pinto de Aranjo, Henri et Mellet, des conventions pour la formation d'une nouvelle société civile, au capital de 6 millions ; dans cette somme les valeurs de l'ancienne société devaient compter pour 4 millions ; les 2 autres millions devaient être versés en espèces pour subvenir aux besoins de l'ancienne société.

Mais, dit M° Billault, ces conventions ne devaient devenir définitives qu'après un examen des mines de Gouhenans, fait par un ingénieur au choix de MM. Van Gobbelschroy et consorts. En outre sur les 4,000 actions apportées par les anciens sociétaires 1,000 devaient être accordées à MM. Henri et Eyqueta, qui avaient été les négociateurs du traité.

Par acte du 30 juillet, ces conventions ont été été ratifiées et une société civile a été constituées au capital des 6 millions. Les versements devaient s'effectuer à des termes déterminés. La crise qui s'est fait sentir à empêché quelques actionnaires de payer exactement, à cette occasion plusieurs ont été poursuivis judiciairement.

Voilà, dit M⁰ Billault, tous le procès ; c'est dans ces faits si simples que M. Parmentier a trouvé la matière de sa demande. Cette demande ne repose sur aucune base, et son action doit être déclarée mal fondée.

« Quant au général de Cubières, continue M. Billault, si je ne vous en ai pas parlé, c'est qu'il n'est rien dans ce procès. Il n'a pris part à aucun des traités dont l'interprétation est soumise au tribunal. Quel est donc le grief de M. Parmentier? En voici l'explication.

En 1842 M. Parmentier avait demandé à M. de Cubières de lui écrire certaines lettres, propres à frapper l'esprit d'anciens intéressés. M. de Cubières a eu l'imprudence d'emprunter le style de M. Parmentier, et d'écrire sous sa dictée, quelques lettres confidentielles; ces lettres, au reste ont été expliquées dans un acte sous seing-privé, entre MM. de Cubières et Parmentier, et qui a établi dans quel but avaient été écrites ces lettres. Une fois en possession de ces lettres, M. Parmentier n'a plus eu qu'une idée fixe, celle de les faire racheter à prix d'or.

Savez-vous ce que M. Parmentier a demandé à M. de Cubières ; il lui a demanndé seulement deux millions. C'est une somme modeste. Moyennant cette somme, M. Parmentier consentait à ne pas faire de scandale et à ne pas livrer à la puhlicité les lettres de M. de Cubièses.

Messieurs, il y a un ignoble moyen de rançonner les gens timides qu'on a appelé de nos jours du nom énergique : *le chantage*. On vous [menace du déshonneur et de l'infamie si vous n'achetez pas le silence. Permettez-moi de vous faire connaître quelques lettres de M. Parmentier, adressées au général de Cubières, et même à la femme du général. Après avoir entendu la lecture de ces lettres, vous vous demanderez de quel nom il faut appeler la demande de M. Parmentier, et si M. le général de Cubières, en résistant à toutes les menaces qui lui ont été adressées, n'a pas prouvé que sa conscience ne lui reprochait rien.

M⁰ Billault donne lecture des lettres suivantes :

28 janvier 1845.

« Quoi qu'il m'en coûte, las que je suis, je prends le parti de déserter la lutte et de vous abandonner le terrain ; mais ce n'est pas sans quelque compensation, et je vais vous dire comment j'entends la chose.

« Je vous vendrai, conjointement et séparément avec ma femme, les cinquante sur cent actions, ou part d'intérêts, qui nous appartiennent dans la société des Gouhenans, y compris nommément les cinq que nous avions précédemment vendues à réméré à M. Pellapra, et que vous avez retirées en votre nom, et en remboursant de nos deniers. Vous vous substituerez à nous pour l'exécution de tous engagements et traités faits par la compagnie, et pour toutes les actions qui s'y rattachent. Le prix sera de deux millions.

« En outre, vous resterez chargé, en ce qui nous concerne, de toutes les suites du procès de Lyon, et vous serez substitué envers M. Grellet, à toutes les conséquences du procès de compte encore pendant à Besançon. Vous resterez chargé de notre part dans tout ce qui est dû par l'établissement, notamment aux banquiers et aux entreposeurs à caution nement. Sur ce prix, 300,000 francs seront payés comptant chez moi ou à Vesoul, à mon choix ; 700,000 francs seront payés dans un an, et 500.000 francs à la fin de chacune des deux années suivantes. L'intérêt à 5 pour 100, payable aux mêmes lieux à mon choix, le sera par moitié tous les six mois, jusqu'à parfait payement et sous réductions proportionnelles. Pour sûreté, il me sera donné des garanties convenables. Si vous l'aimez mieux, l'acte ne portera qu'un million de prix principal, payable en deux termes l'un, chaque année. Mais alors il faudra que, préalablement et sans frais à ma charge, un million soit déposé en mon nom à la Banque de France, et qu'il m'en soit dûment certifié. Toutes les autres conditions seront les mêmes ; seulement, en cas d'inexécution de vos engagements le million préalablement versé me sera irrévocablement acquis.

« Vous me ferez, en conséquence, par lettre qui devra au plus tard me parvenir le jeudi 6 février prochain, la proposition de vous vendre conjointement et solidairement avec ma femme, sous les conditions avant dites. Nous vous répondrons, et le contrat sera formé, sauf à lui donner ensuite la forme authentique. Je n'admettrai aucune modification, aucune observation. Vous êtes parfaitement libre de vous refuser à cela, mais je suis libre aussi de publier un mémoire auquel je travaille déjà par précaution.

« Parmentier. »

« 5 février 1845.

« Il est bien de devancer le terme d'un jour. Mieux eût valu le devancer de cinq : cela eût pu faire supposer plus de convictions. Mais enfin, bien loin de modifier ma propre conviction, votre lettre du 5 courant la corrobore d'un élément de plus, et mon mémoire n'en sera que plus démonstratif. Mais ne croyez pas que ce mémoire-là, que vous appelez d'avance diffamatoire, n'osant pas l'appeler calomniateur, doive être produit tout exprès pour la publicité. Non. Presque terminé qu'il est, et très-court qu'il doit être, il ne sera produit qu'à titre de libellé, imprimé peut-être, précédé d'une assignation par laquelle je me propose de vous appeler, vous et M. Pellapra, devant le tribunal civil de la Seine, pour vous obliger à me donner une sécurité qui m'est due et qui me manque. Ne croyez pas non plus que les preuves me fassent défaut. Votre correspondance, les souvenirs palpitants de trois amis, dont un de Paris a été témoin de toutes les tribulations que je vous devais, tels sont mes moyens de prouver, et comptez qu'ils sont péremptoires...

« En définitive, c'est sous prétexte de la nécessité d'une corruption à laquelle je n'ai eu que l'air de croire, à laquelle je n'ai voulu, et je vous ai dit pourquoi, que paraître m'associer, que vous aviez arraché ce dixième, et vous entendiez bien le conserver, quoiqu'il ne vous coûtât pas un centime, et vous ne vous êtes décidé à le rendre que par force, quand vous avez reconnu l'imminence des révélations. A qui encore persuaderez-vous le contraire ! N'ai-je pas les faits, les conventions, la correspondance? Or, ces preuves là, il faut que je les

apporté à l'appui de l'action que je me propose d'intenter à vous et
à M. Pellapra; or cette action il est nécessaire que je l'intente. Si
M. T... le pouvait encore, c'est de lui que je réclamerais l'intervention
d'avocat ; mais je le prierai de m'en indiquer un, et le succès n'est pas
douteux. Seulement le tribunal civil pourrait n'être que l'anticham-
bre d'une autre juridiction.

« Vous voyez que votre menace, car c'est vous qui en faites, votre
menace de la loi n'a rien qui puisse m'effrayer, et je vous avoue
même qu'elle me fait pitié. Je maintiens, du reste, tous les énoncés de
ma lettre du 28 janvier et toutes ses exigences. Peu m'importe comment vous feigniez de les apprécier; ma conscience les approuve. Elle
ne sera pas seule de son avis. S'il est vrai que vous ne puissiez pas
céder à ces exigences, j'en suis fâché. Mais cela ne m'empêchera pas
d'ouvrir mon action, et je l'ouvrirai si je n'ai pas reçu dimanche,
9 du courant, au plus tard, la proposition que je vous ai faite.

« En cas de silence ou de refus, j'agirai, et une fois commencées,
mes démarches auront produit un effet irrévocable.

« PARMENTIER. »

« 9 février 1845.

« Je n'ai rien reçu de vous, général : en conséquence, je dispose
tout pour vous tenir parole, et je serai prêt ce soir. Admettant, tou-
tefois, que vous n'aviez pas le temps de vous disposer dans la journée
d'avant-hier, et que vous pouviez encore avoir besoin de toute celle
d'hier, reculant devant une démarche qui doit vous perdre à jamais;
car, c'est cela, ne vous y trompez pas; j'attends jusqu'à mardi avant de
faire un envoi qui ne me précédera que de peu de jours... Encore
une fois, prenez garde, et tâchez de comprendre la position...

« PARMENTIER. »

« 14 février 1845.

« Epouvanté pour vous, général, de votre aveuglement, j'ai dé-
passé et je dépasse encore un peu le terme que j'avais fixé. C'est la
dernière fois, soyez-en sûr. Ma résolution est immuable. Si je n'ai
pas reçu d'ici à mercredi 19 la satisfaction que vous savez, et persua-
dez-vous bien que hors de là vous ne pouvez faire un seul pas qui
ne vous enfonce plus avant dans le bourbier, ce jour-là même j'a-
dresserai à Paris l'ordre de faire imprimer et distribuer ce que vous
avez à lire.

« J'ai modifié mon plan. Comme les faits peuvent déterminer une
poursuite criminelle, j'ai pensé que l'initiative en appartenait à la
chambre des pairs, et ce n'est qu'après sa décision que, s'il y a lieu
je me pourvoirai au civil contre vous et M. Pellapra... Maintenant,
général, reportez-vous au commencement de la présente, et ouvrez
les yeux...

« PARMENTIER. »

Enfin M. Parmentier ne craignait pas d'adresser à madame de Cubières la lettre suivante :

« 13 mars 1845.

« Madame,

« Je vais vous affliger, et il m'en coûte beaucoup, mais c'est le seul moyen qui me reste pour empêcher que M. de Cubières ne se perde par son aveuglement. Il a reçu de moi plusieurs lettres, dont la dernière contenait l'exposé destiné à l'impression pour la chambre des pairs, et que je vais résumer ici.

« Voilà, Madame, à quoi M. de Cubières est exposé, et je n'ai pas besoin de vous développer les conséquences ; mais je dois vous dire ce que je lui ai proposé pour qu'il pût s'y soustraire, et les motifs qui m'ont déterminé. M. de Cubières pourra vous dire que, indépendamment des griefs ci-dessus, je lui reproche ses efforts incessants pour nous amener par le découragement à lui céder Gouhenans à vil prix. J'ai lutté, mais la lutte me fatigue, et j'ai pris le parti de céder le terrain. J'ai donc invité M. de Cubières à me proposer de lui vendre, conjointement et solidairement avec ma femme, la moitié de Gouhenans, qui nous appartient, et cela moyennant 2 millions et quelques accessoires, en me donnant aussi, par rapport aux suites du réméré, la sécurité à laquelle j'ai droit. M. de Cubières peut faire cela par lui-même et par ses amis; je le croyais déjà, et j'en suis sûr maintenant; ce serait, d'ailleurs, une excellente affaire, et il le sait bien...

« Si je ne reçois pas mardi ou mercredi la réponse dont je vous prie de m'honorer, je croirai, ou que ma lettre a été interceptée, ou que vous ne voulez pas me répondre, et j'agirai en conséquence...

« PARMENTIER. »

Après cette lecture, Mc Billault termine ainsi :

Vous connaissez maintenant le demande qui vous est soumise, je ne veux pas la qualifier de nouveau. Lr correspondance que je viens de vous lire me dispense d'insister auprès de vous. Vous repousserez l'action de M. Parmentier.

Me Cuzon, avocat de M. Renauld, soutient que son client n'a agi que sur les instructions de M. Parmentier, qui a connu tous les actes et les à approuvés.

Le tribunal remet à huitaine pour prononcer le jugement. (*Gazette des tribunaux.*)

Dans son audience du 7 mai 1827 , présidée pa

M. Barbou, le tribunal civil de la Seine, considérant que Cubières ne figurait pas dans les actes qui concernent l'apport que réclame Parmentier, et que rien ne prouve qu'il soit directement ou indirectement engagé à cet apport ; Que rien ne constate que Van Gobbelschroy, et consorts se soient portés garants des souscripteurs d'actions auxquels ils en avaient fait prendre ; que le contraire est établi. . . . .

Déboute Parmentier de sa demande, lui donne acte de ce que les défendeurs reconnaissent qu'ils doivent tenir à sa disposition 1500 actions, quand le cas prévu sera arrivé.

Ordonne la suppression du mémoire produit par Parmentier, et condamne ledit Parmentier aux dépens.

Les lettres du général Cubières ont donné lieu à la chambre des députés, séance du 3 mai 1847, à une discussion orageuse, dont tous les journaux du 4 mai ont rendu compte. A cette occasion, MM. Muret de Bort, Lherbette, Larochejacquelin, Garnier-Pagès, Crémieux, se sont élevés avec force contre l'immixtion des hommes politiques dans les affaires industrielles ; ils ont provoqué des explications, que les ministres ont données, en affirmant que des poursuites allaient être dirigées contre les auteurs de faits si graves.

En effet, le 6 mai, une ordonnance du roi a institué la chambre des pairs en cour de justice.

Cette ordonnance est ainsi conçue :

«Considérant que M. le lieutenant général Despans-Cubières, pair de France, se trouve inculpé à raison de faits qualifiés crimes et délits par les art. 179 et 405 du Code pénal.

« Vu l'art. 29 de la Charte constitutionnelle ;

« Sur le rapport de M. le garde des sceaux, ministre secrétaire d'état au département de la justice et des cultes ;

« Nous avons ordonné ce qui suit :

« Art. 1er. La cour des pairs est convoquée ;

« Les pairs absents de Paris seront tenus de s'y rendre immédiatement, à moins qu'ils ne justifient d'un empê chement légitime.

Art. 2. Cette cour procédera sans délai au jugement de M. le général Despans-Cubières, inculpé de faits prévus et punis par la loi pénale.

Art. 3. M. Delangle, notre procureur-général près la cour royale de Paris, remplira les fonctions de notre procureur général près la cour des pairs.

« Il sera assisté de M. Glandaz, avocat général en la même cour, faisant fonction d'avocat général et chargé de remplacer le procureur général en son absence.

LOUIS-PHILIPPE.

Dans son audience du 7, la cour des pairs, s'est réunie en séance secrète à l'effet de délibérer sur l'or- donnance du roi qui lui a été communiquée à la séance du 6.

M. Delangle, procureur général, assisté de M. Glan- daz, avocat général, nommé par la même ordonnance ont été introduits dans le snin de la cour.

M. le procureur général Delangle a déposé sur le bu- de la cour des pairs, un réquisitoise qui expose les faits du procès.

9 782014 062113